八段锦

蒋师莫 著

北京出版集团
北京工艺美术出版社

图书在版编目(CIP)数据

八段锦 / 蒋师莫著. -- 北京 : 北京工艺美术出版社, 2025.3

ISBN 978-7-5140-2845-4

Ⅰ. ①八… Ⅱ. ①蒋… Ⅲ. ①八段锦－基本知识 Ⅳ. ① G852.9

中国国家版本馆 CIP 数据核字 (2024) 第 106324 号

出 版 人：夏中南
策划编辑：王文利
责任编辑：赵 微
装帧设计：王雨萱
责任印制：王雨萱

八段锦

BADUANJIN

蒋师莫 著

出 版	北京出版集团 北京工艺美术出版社
发 行	北京美联京工图书有限公司
地 址	北京市西城区北三环中路6号 京版大厦B座702室
邮 编	100120
电 话	(010) 58572470 (总编室) (010) 58572878 (编辑室) (010) 58572637 (发 行)
经 销	全国新华书店
印 刷	北京博海升彩色印刷有限公司
开 本	710 毫米 × 1000 毫米 1/16
印 张	9.25
字 数	23 千字
版 次	2025年3月第1版
印 次	2025年3月第1次印刷
定 价	58.00元

蒋师莫

JIANG SHIMO

武当三丰派第十五代传承人，一级教练员，国家级社会体育指导员，武当武术代表性传承人。第五届武当太极拳国际联谊大会、第四届世界太极拳健康大会、第五届世界传统武术锦标赛太极拳、逍遥掌、剑术、功夫扇冠军。

6 岁习武，8 岁上武当山学艺。2008 年，以优异的成绩考入中国武当功夫团。曾任武当山大型功夫舞台剧《太极武当》《武乐盛典》及太极功夫剧《梦幻武当》主演，在河北正定大型音舞诗画情景剧《正定记忆》中饰赵子龙。2016 年，获好莱坞国际电影节“最佳新晋男演员”称号。曾参与各大卫视春节晚会演出、综艺节目录制及多部影视剧拍摄等。

曾作为代表应邀赴十几个国家参与武当武术文化交流和指导教学活动。自 2017 年起，带领武当传承人教练团队，将传统文化、武当武术带入中央国家机关老年大学、北京市直机关、企业、学校、社区等，在长期教授武当武术、太极拳、养生功法的过程中，累计线上线下教授数百万人。

序

自古以来，养生之道，为世人所重。然大道至简，养生之道亦体现在日常细微之处。

近年来，亚健康状态在中国中青年群体中不断蔓延，养生越来越受到人们的重视。中华民族的养生之道，涵盖几千年来医药、饮食、宗教、民俗、武术等方面的文化内涵，是中华民族智慧的结晶，也是祖先留给我们的一笔宝贵财富。

习近平总书记在党的十九大报告中提出“实施健康中国战略”，指出：“人民健康是民族昌盛和国家富强的重要标志。要完善国民健康政策，为人民群众提供全方位全周期健康服务。”2019 年 6 月 24 日，国务院印发《国务院关于实施健康中国行动的意见》，指出加快推动卫生健康工作理念、服务方式从以治病为中心转变为以人民健康为中心，建立健全健康教育体系，普及健康知识，引导群众建立正确健康观，加强早期干预，形成有利于健康的生活方式、生态环境和社会环境。这一政策正是对我国古代医学典籍《黄帝内经》提出的“不治已病治未病”思想的传承与发扬。

嘉棕（蒋师莫道号）是我的优秀弟子，自 8 岁起在武当山习武。2014 年，他来到北京，一直致力于中华优秀传统文化的传播。他多年来不忘初心，在不懈的努力下创建了师莫汇武道中心（后更名为师莫武道院），开办八段锦、太极拳等培训班，组织青少年夏令营等活动，并和团队一起将传统八段锦等养生功法带入中央国家机关老年大学、北京市直机关、企业、学校、社区等。10 年来，他通过线上、线下教学方式影响了数百万人，且影响范围还在逐年扩大。

传统回归日，中华复兴时。中华复兴，需要传统的回归，也就是精神和信仰的回归，是文化自信、自觉的回归。我的弟子嘉棕发愿编纂这本《八段锦》就是希望通过这本书，让更多人了解养生功法、科学养生，通过切身体验开启回归中华优秀传统文化的生活方式。

李信军

北京白云观监院、北京市道教协会会长

2024 年北京白云观

自序

我的老家在湖北十堰，我的爷爷蒋显达是一位当地有名的老中医。他医术高明，一生以治病救人为己任。遇到穷苦人家，经常不取分毫，还赠送药品。

我父亲从小跟随爷爷采药、制药，但由于爷爷总是看病不收钱，父亲担心家计，便弃医经商。

医武同源，同源于道。我小的时候身体不好，父亲了解到习武可以帮助我强健体魄，便在我 8 岁那一年，将我送到武当山。自此，我在山上一心习武，并于 2007 年正式拜肖清慧道长为师，成为武当三丰派第十五代武术传承人。得益于师父和师兄们的悉心培养，2008 年，我考入中国武当功夫团，开始有机会在武当山及世界各地传播武当武术，让更多人通过中国功夫了解并爱上中国文化。

2008 至 2014 年，在中国武当功夫团期间，我曾多次参加如第五届武当太极拳国际联谊大会、第四届世界太极拳健康大会等世界级的比赛，并获得太极拳、逍遥掌、剑术和功夫扇个人世界冠军，及多项团体冠军。2014 年，受李武林先生邀请，我来到北京，在他的大力支持下我开设了师莫汇武道中心（后更名为师莫武道院），并于 2016 年主演了电影《丹药》，获得了好莱坞国际电影节“最佳新晋男演员奖”。当时，我可以以特殊人才的方式获得美国绿卡，但我拒绝了。绿卡和演艺圈，我觉得它们并不适合我。我还是想把更多的精力投入武术教学当中，将武当武术更好地传承下去，并发扬光大。

来北京后，我认识了时任白云观监院的李信军道长，并拜他为师。他年轻时便是一位以轻功著称的武术名家，他学识渊博、道心坚固，终生致力于弘扬中华优秀传统文化。我在本书中所分享的传统八段锦，即为李信军道长所传授。我总共学过 5 个版本的八段锦，而这套传统八段锦，我认为最适合城市里压力大且缺乏运动的人群。

自建立师莫汇武道中心（后更名为师莫武道院）以来，本机构不仅获得了市直机关工委的认可，还陆续将武当系列养生功法、太极拳、武当武术器械等系列课程并入市直机关开展的“科学健身方法”活动系统中。自此，市委办公厅开始系统地学习武当太极。我和团队每年教授超过 50 个单位的职工练习八段锦、武当 9 式太极拳等养生功法。同时，师莫武道院位于房山区的基地常年教授学员学习养生功法或武当武术。在传播过程中，这套传统八段锦缓解了很多习练者的病痛问题，切实为大家带去了健康，深受大家欢迎。

在本书中，我将李信军道长所教授的道家传统八段锦，结合这些年我自身练习的感受以及教学的心得，分享给每一位读者，希望它为大家带去健康。

蒋师莫

2024 年 8 月 15 日于北京

目 录

第一部分　生命

一、健康是生命的保障 / 2

二、生命遵循自然规律 / 3

第二部分　走近中华传统养生

一、什么是养生 / 6

二、中华养生的历史渊源 / 7

三、中华养生的思想理念 / 16

第三部分　中华养生功法——八段锦

一、八段锦的起源和发展 / 20

二、八段锦的分类 / 23

三、八段锦的健身机制和功法特点 / 25

第四部分　八段锦的练习基础

一、养气与练气 / 29

二、呼吸的方法 / 31
三、身体各部分的练习方法 / 32

第五部分 八段锦的基本动作和练习方法

一、第一式 双手托天理三焦 / 36
二、第二式 左右开弓似射雕 / 46
三、第三式 调理脾胃需单举 / 59
四、第四式 五劳七伤向后瞧 / 74
五、第五式 摇头摆尾去心火 / 86
六、第六式 两手攀足固肾腰 / 101
七、第七式 攥拳怒目增气力 / 108
八、第八式 背后七颠百病消 / 119

第六部分 八段锦走进现代生活

一、做好自我评估 / 126
二、为什么练习八段锦 / 129
三、练习八段锦有哪些注意事项 / 134

后记

第一部分

生命

一、健康是生命的保障

每一个生命，都是宇宙中的独特存在。

因为有了生命，我们才能够感知世界的美好，才能学会思考和创造，才会去追求自己的梦想……

所以，生命本身就是无价之宝，值得我们用心呵护。

健康是生命得以充实、延续的重要保障。

我们只有处于健康的状态，才能保持身体和心理的平衡与稳定，才能够抵御疾病和外界不良因素的侵害。

二、生命遵循自然规律

大自然孕育抚养了人类。

自然界的运动变化，无时无刻不在对人体产生着影响。

正如《黄帝内经》中所述："人以天地之气生，四时之法成。"意思是人禀受天地之气而存在，随着四时规律而成长。

所以，人与自然是息息相关的。

无论是人的生老病死，还是衣食住行，都离不开自然环境和社会环境。人类的一切活动都应该遵循自然界的规律，顺应不同季节的气候变化。只有这样，我们才能健康地繁衍生息。

第二部分

走近中华传统养生

一、什么是养生

养生是对生命的保养和养护。

健康、长寿是养生的最终目标，也是我们人生最大的财富。

人们只有拥有了健康，才能拥有充沛的精力去工作、学习和享受生活。养生正是为了维护和提升这种健康状态而进行的一系列行动、采取的一系列方法。

养生的核心在于“养”，即通过形体锻炼、脏腑调理、膳食搭配、规律作息等方式，来调养身心，使其达到最佳状态，从而预防疾病的发生，延缓衰老的过程，提高生活的质量。

在现代社会，生活节奏的加快及一些环境因素影响导致健康的问题日益突出。因此，养生对我们每个人来说，越来越重要。

二、中华养生的历史渊源

中华传统养生，从古传到今，绵延数千年，是我国特有的一种文化和社会现象。它凝聚了中华民族千百年来的生活经验和思想智慧，是我们为全人类健康所贡献的一大创造性成果。

中华传统养生的发展历史可追溯到远古时期。

《黄帝内经》是中国现存较早的一部重要医学典籍，其中就有关于我们祖先的养生之道的记载："上古之人，其知道者，法于阴阳，和于术数，食饮有节，起居有常，不妄作劳，故能形与神俱，而尽终其天年，度百岁乃去。"说的就是，上古时代的先民，大都懂得养生的道理。他们顺应阴阳变化和自然界的规律，饮食有一定的节制，作息有一定的规律，不过度操劳，所以才能做到形体与精神相吻合，活到寿命应该终了的时候，度过百岁才去世。

进入先秦时期，养生知识得到了进一步的丰富和完善，并逐渐形成了养生理论。

比如，老子在《道德经》中说："人法地，地法天，天法道，道法自然。"他认为，自然界是人类生命的源泉，人类的行为与活动必须适应自然的变化规律。这样，才能有助于祛除疾病，延长寿命。老子所强调的顺应自然的养生原则，阐述了一切应从尊重生命的自然规律出发，顺应自然，从而达到养护身心的目的。

对后世产生深远影响的中国经典著作《吕氏春秋》博采众家之长，汇合先秦各派学说，其阐述的关于养生的言论极其丰富，涵盖饮食、运动、精神状态等多个方面。

《吕氏春秋》关于养生的言论不仅在饮食方面提出了“欲食之道”，告诫人们不要过分追求食物的鲜美、刺激，要节制饮食，未饥先食，未饱即止，节制饮酒，以保护五脏六腑，避免疾病的发生；而且，还提倡根据四季变化来调整饮食，以顺应自然规律，维持身体健康。

在运动方面，《吕氏春秋》强调了常运、勤动的重要性，指出“流水不腐，户枢不蠹”。人如果不运动，会导致机体退化，五脏六腑功能紊乱，免疫功能下降，疾病就会乘虚而入。因此，人们需要保持适当的运动，以维持身体的健康和活力。

在精神状态方面，《吕氏春秋》指出，人生病与精气不流通有关。因此，我们要保持乐观、积极向上的精神状态。这样，我们身心各方面的机能才能旺盛。同时，《吕氏春秋》还提倡人们要时刻保持平心静气、顺性豁达，以调节生理和心理状态，达到养生的目的。

《吕氏春秋》为人们提供了宝贵的养生建议，这些建议不仅在当时具有指导意义，在今天对我们依然具有重要的参考价值。

秦汉时期出现了一种形体锻炼的养生方法，叫导引。

导引不借助外力，仅仅通过自身的运动，就能起到防病养生、祛疾治病的作用。

《黄帝内经》中对于导引的记载颇为丰富。例如在《灵枢·病传》中，黄帝提到导引、行气等疗法，询问是否可以单独使用或结合使用。而在《素问·异法方宜论》中，按跷（按摩导引即用手指点按穴位，从而达到治疗和保健的效果，是一种融治疗与自我养生保健为一体的传统疗法）被列为源于上古时期而行之有效的医疗方法之一，特别适用于某些地区的民众和特定疾病的治疗。

比如，当时的中州一带，因温度适宜，降水量充沛，不仅适宜多种农作物的生长，拥有丰富的植被，还适合动物繁衍生息而成为动物们的乐园。但事情往往具有两面性。生活在这里的人们，在享受因这得天独厚的地理优势而获得的福利的同时，也因为较少劳作，而患上了痿厥症（四肢痿弱、神志昏迷等症状）、寒热症等疾病。彼时，按跷作为一种治疗方法，在中州地区得到了广泛的应用。它不仅适用于调理胃肠道功能，还能通过通络除痹和调节跷脉，来治疗与脾胃和下肢运动功能相关的特定疾病。

导引作为中华优秀传统文化的代表之一，在古代医学中的地位不仅仅体现在防病治病的功效上，更在于强调身心合一、人与自然和谐相处的理念上。

汉代时，导引更为盛行。在马王堆出土的帛书《导引图》中，保存有44幅导引图式。东汉末年，华佗发明的五禽戏也是一种导引方法。

魏晋南北朝时期，导引吐纳学术迅速发展，出现了以陶弘景、葛洪为代表的倡导导引吐纳的养生家，促进了功夫养生的发展。

南朝齐梁时期，道教思想家、医学家陶弘景在养生学方面也具有独特的造诣。他对精神养生有深刻的认识，主张内心要保持平和，不要受外物的干扰，认为这样可以防止邪气侵入身体。陶弘景还非常重视导引按摩在养生中的作用，并在其著作《养性延命录》中专门写了“导引按摩篇”，该文完整记载了华佗发明的五禽戏导引术。在实践导引按摩的方法时，陶弘景非常重视呼吸的锻炼，将其称之为“服气”。陶弘景还认为，饮食不当是导致人们生百病的重要原因。因此，陶弘景非常注重饮食的合理搭配。他强调食不过饱、饮食要冷暖适中、食后不大语、酒后不吹风等饮食注意事项，这些观点与现代健康饮食的观念十分吻合。

东晋时期的医学家葛洪对养生方法进行了系统而全面的阐述。他主张形、神、气要协调统一，并提出了“生活养生”的理念，明确以“不伤”“适度”作为“生活养生”的基本原则。葛洪认为，人的身体是易伤难养的，并针对这一观点介绍了一系列具体的养生方法。其中，他建议人们应该避免过度劳作、过度悲伤或过度喜悦，同时要注意饮食有节、起居有常，并提出了预防疾病的方法。

隋唐时期，社会安定、经济繁荣、文化思想呈多元化，这为养生学术的发展创新提供了良好的环境。这一时期，在儒家、道家思想的影响下，养生方法多种多样，并开始被大规模地传播和应用。因其注重顺应自然、动静皆养、养身与养德相结合，这体现了中华传统养生文化的深刻内涵，养生实践也在当时得到了社会的广泛认可。

同时，这一时期还出现了许多著名的养生家和养生著作，为后世养生学的发展奠定了坚实的基础。其中，最具代表性的人物就是唐代的孙思邈。孙思邈广泛搜集、整理资料，并积极推广养生方法。他关于养生的思想、理论几乎涵盖了养生学的各个领域。

孙思邈认为，一个人若想健康长寿，首先要养自己的心性，淡化对名利的追逐，使自己保持一种宁静祥和的心境。他主张“动静结合”的养生方法，既注重导引按摩等动功，也强调吐纳调气等静功，认为这样可以有效地延寿。孙思邈还提出了著名的“养生十三法”，包括发常梳、目常运、齿常叩、漱玉津等。这些方法简单易行，旨在通过日常习惯的养成和练习，达到增强体质、预防疾病的目的。他还强调通过饮食来达到保健的重要性，主张饮食时必须去掉一切烦恼，心平气和地进食，这样才有益于消化和健康。他提倡注意饮食卫生，不食生冷及变质的食物，饮食之后要漱口数遍，这样既可以保护牙齿，又能保障口腔的健康。孙思邈还撰写了《千金要方》等一系列著作，其中包含了大量的导引行气的养生内容，为后世提供了宝贵的养生知识和方法。

宋金元时期是中华传统养生学的发展和完善期。这一时期的养生学在前代养生理论积累的基础上，又有了新的发展。

这一时期的养生思想更加注重从根本上把握生命的内在规律，通过改变人体的内部环境，来探讨增强身体的抵抗力、实现延年益寿的方法。北宋文豪苏轼就主张静功练气，他在《东坡志林·养生说》中说：“已饥方食，未饱先止。散步逍遥，务令腹空。”意思是通过少食多动，来保持健康。此外，苏轼在按摩、身体修炼等方面也颇有造诣，树立了养生的典范。

宋金元时期，关于养生方面的著作也层出不穷，养生学的内容得到进一步的完善。如刘完素在《素问病机气宜保命集·原道论》中强调，气是生命最基本的物质，生命的产生和维持都离不开气的作用。气在生命体内不断流动、转化和循环，以维持生命体的正常代谢和功能。同时，气还影响着生命体的精神状态和健康状况，通过调节气的平衡和流动，可以达到养生保健和治疗疾病的目的。

而作为中医“脾胃学说”的创始人，李杲在其著作《脾胃论》中对脾胃的重视，以及对脾胃与元气之间关系的讨论，使脏腑养生理论和方法更加严谨。

这一时期，不仅官方对养生格外重视，民间养生也蔚然成风。元代著名的营养学家忽思慧，长期担任宫廷饮膳太医一职，负责宫廷中的饮食调理、养生疗病等事项。他非常重视食疗与食补的研究。其编撰的《饮膳正要》是我国重要的营养和食疗专著，深刻地论述了养生之道，特别是饮食与健身的辩证关系。另外，还有陈抟的“二十四节气导引坐功”，以及历史传承下来的“八段锦”，都是宋金元时期著名的养生健身术。这些养生方法简便易行，可以有效地推广和传播，深受大众的喜爱。

明清时期，养生方法更为丰富多样，养生保健也成为全社会共同关注的焦点，受到各界重视。这一时期的养生文化在前代的基础上，融入了新的元素和理念，从而形成了独具特色的养生体系。

这一时期，人们更加注重饮食养生，提倡合理饮食，注重营养搭配。同时，运动养生也得到了更多的关注。

经过历代的总结和改进，导引等以形体为主的健身术，逐渐规范化和程式化。人们通过这些健身术，来达到锻炼身体、增强体质的目的。八段锦、五禽戏、易筋经、太极拳等著名的导引术均成为后世经久不衰的经典健身术。

其中，张三丰独创的内家太极拳，其拳法不仅追求技击的实用性，更强调养生的价值。太极拳习练者通过其柔和、连贯的动作，结合呼吸与意念的调控，来达到内外兼修、身心并练的效果。

张三丰的养生理念强调养心、养气、养形三者的结合。他认为养心是养生的内在精神基础，养气是养生家和武术家内在的物质基础，而养形则是外在的物质基础。同时，张三丰的养生学并未停留在理论层面，他还通过自身的实践，证明了这些养生方法的有效性。张三丰的太极拳将道家养生术和武术相结合，进而成为一种全民养生的运动，对中华民族和世界人民的健康事业做出了巨大的贡献。

在养生理论方面，明清时期也有了很大的发展。许多从事医学研究的学者对养生进行了深入的探讨，并提出了许多新的观点和理论。他们强调阴阳平衡、气血调和等养生理念，提倡顺应自然、因时制宜等养生方法。这些理论和方法对于指导人们保持健康起到了积极的作用。

此外，心理养生也是明清时期养生方法的一个重要方面。这时的人们已经开始关注心理健康。他们意识到，通过调整心态、减轻压力等方式，可以保持心情的舒畅，从而达到健康养生的目的。

受王阳明心学的影响，以心性修炼为主要特征的调息、静坐等气法养生在明代大为流行。例如，王阳明强调“静坐”的重要性。他认为，静坐可以使心灵得以清静、收敛，从而有利于克服自我的私欲，达到明心见性的境界。

试想，在我们忙碌的日常生活中，如果每天能够抽出一点时间来静坐，让身心得以放松，确实可以缓解焦虑，利于我们静下心来思考。这种养生方法体现了心学中的“动亦定，静亦定”的思想，即无论是在静态还是动态的情况下，都能保持内心的平静和定力。

所以，这些旨在通过修炼内心，以达到身心健康、精神安宁的境界的方法，为现代人提供了一种独特而有效的养生方式。

三、中华养生的思想理念

“和”作为中华传统文化哲学中的核心理念，贯穿于中华文化的方方面面，对中华民族的价值观、道德观和行为方式都产生了深远的影响。

“和”的内涵十分丰富，包括和谐、和睦、和平等。

在人与自然的关系上，中华传统文化强调“天人合一”，即人与自然应该和谐相处、共同发展。这也深深地影响了中华养生的思想理念。

中华养生学认为，人与外界环境是一个和谐的整体。人与自然、人与社会，以及人体内部都应保持协调、和顺。而养生的目标就是要通过调节的方式，最终达到人与外界的平衡、人与自我的平衡。

比如，一年四季，风暑燥寒。当季节交替、气候发生变化时，人体在生理上也会相应地发生变化；当我们乍到一个地方，很可能因为对当地地理环境的不适应，而出现水土不服的情况。而且，人作为大自然中的一部分，无论是在形体结构，还是在生活习性等方面，与动物、植物都有一定的相似性。这些都说明了，人类的生命活动是与自然界息息相关的。因此，人与自然需要和谐相处。一旦这种和谐被打破，我们的健康就会受到威胁。

外界环境除了自然环境，还包括社会环境。无论是城市中的空气，还是日常生活中人与人之间的交往,都会对人的生理和心理产生或大或小的影响，进而影响我们的身体健康。

由于人体是由脏、腑、经、络、皮、肉、筋、脉、骨、精、气、神等组成的一个有机整体，所以只有各个组成部分达到完整性与功能性上的高度和谐时，人体这台“机器”才能实现其最佳的生命状态。

这就是中华养生学所强调的人体的和谐观。

《黄帝内经》中说：“圣人不治已病治未病，不治已乱治未乱。”早在2000多年前，我们的祖先就认识到，疾病发生后再进行治疗，即使痊愈，也已经损害了健康，所以必须提前预防。千百年来，中华养生学一直秉承“预防为主，防微杜渐”的思想，被历代医者所推崇。

中华养生的思想理念源远流长，其核心在于始终遵循生命的发展规律，以达到保养生命、健康精神、增进智慧、延长寿命的目的。

这些思想共同构成了中华养生理念的核心，体现了对生命和健康的深刻理解和尊重，为生活在今天的我们提供了宝贵的指导。

第三部分

中华养生功法
——八段锦

一、八段锦的起源和发展

八段锦作为一套著名的中华传统保健功法，是在古代导引术的基础上发展而来的。其动作简单、易学，且长期习练后效果显著，是历代寻求增强体魄的践行者为后人留下的宝贵财富。

古人之所以为这套功法起了一个美丽的名字——八段锦，是想借锦缎的艳丽多彩、秀美华贵，来形容其动作的舒展、优美。而八段锦中的“八”字，则是因为此功法分为八段，每段一个动作。

八段锦的历史渊源还要从湖南长沙马王堆三号汉墓出土的一卷《导引图》说起。这是一幅工笔彩色帛画，为西汉早期作品，是现存最早的关于保健运动的工笔彩色帛画。《导引图》中共记录和描绘了 40 多个动作、姿势。其中，至少有 4 幅图示与八段锦图示相似。

南朝齐梁时期陶弘景所撰写的《养性延命录》，其内容多采魏晋以来各家养生学说，亦体现陶氏养生观点。在其导引按摩篇中介绍的 5 种招式和动作，分别与清末时期定型的八段锦中的 5 组动作一一对应。

由此推断，八段锦的形成与《导引图》以及《养性延命录》有一定的关联。

八段锦的传承历史悠久，民间记载线索众多，这里向大家介绍几个比较常见的说法。据不完全史料记载，“八段锦”一词最早出现于《道法会元》卷六十九《王侍宸祈祷八段锦》“立极、召合、行持、书符、祈晴、祷雨、煞伐、造化章八。今书此八件，曰名八段锦，以付于汝”。此书全面地概括了雷法修持的 8 个阶段、丹功玄机等修炼方法。

在东晋著名的医学家、养生家许逊所编的《灵剑子引导子午记》一书中，出现了“许真人引导诀”，第一次把《道枢·众妙篇》中的八段锦文字，改为了口诀的形式，即“仰托一度理三焦，左肝右肺如射雕，东肝单托西通肾，五劳回顾七伤调，游鱼摆尾通心脏，手攀双足理于腰，次鸣天鼓三十六，两手掩耳后头敲”。

南宋洪迈所著《夷坚志》中载：“政和七年，李似矩为起居郎……尝以夜半时起坐，嘘吸按摩，行所谓八段锦者。”但此时所谓八段锦是平躺在床上的吐纳按摩方法，并非当下所理解的运动方法，也尚未定名。

南宋陈元靓所编《事林广记·修真秘旨》才将其定名为“吕真人安乐法”，其文字歌诀为：“昂首仰托顺三焦，左肝右肺如射雕，东脾单托兼西胃，五劳回顾七伤调，鳝鱼摆尾通心气，两手搬脚定于腰，大小朝天安五脏，漱津咽纳指双挑。”

由于口诀短小精悍、简洁明了，又富有韵律感，不仅老师在传授八段锦时，可以更加高效地传授给学生，而且其内容对于学生也更方便记忆。学生们只需要记住口诀，就能够快速地掌握八段锦的动作要领和顺序，方便自己在日常生活中随时练习。

至明清时期，八段锦逐渐发展完善。

二、八段锦的分类

八段锦主要分为两大类：健身气功八段锦和传统八段锦。

健身气功八段锦也被称为国体版八段锦，是国家体育总局2003年整理创编出版的，它只有一套动作的标准规格要求。

传统八段锦分为文八段锦与武八段锦、北派八段锦与南派八段锦、少林八段锦与武当八段锦等。这些八段锦在招式上的变化深受练习者的喜爱。如果按照习练的形式分，站着练习的是立式八段锦，又称武八段；坐着练习的是坐式八段锦，又称文八段。如果按照地域分，八段锦又有南派八段锦和北派八段锦之说。这两种分类方式，也正体现了八段锦在不同地域拥有不同的文化特色和习练风格。

武八段相对于文八段来说，站着练习动作幅度较大，更注重“摇筋骨、动肢节”，因而能更全面地锻炼身体。通过呼吸的配合，武八段可以极大地增强筋骨的柔韧性、肌肉的力量、关节的灵活性以及气血与全身的协调性。

文八段是坐式八段锦，其功法的文字记录最早见于《修真十书》。《杂著捷径卷之十九》中详细记载了钟离八段锦法，《杂著捷径卷之二十三》中，曾慥所作的“临江仙”中也写道：“钟离先生《八段锦》，吕公手书石壁上，因传于世。其后又有窦银青《八段锦》与小崔先生《临江仙》词，添六字气于其中，恨其词未尽。予因择诸家之善，作《临江仙》一阕，简而备且易行，普劝遵修，同证道果。”

文八段强调深长、缓慢地呼吸。其动作舒展大方、轻松自如，并符合人体各关节的自然弯曲状态。通过坐着练习文八段，可以达到促进血液循环、改善消化功能、缓解压力、提高免疫力等多种功效。

本书与大家分享的是站着练习的传统八段锦，这套八段锦是笔者学习的5套不同版本中的一种，来源于北京白云观李信军道长。本套功法继承了传统八段锦各流派的精要，基本保持了传统八段锦的定式动作和风格特点。

本套传统八段锦作为中国武术拳法的一种，相较于其他八段锦版本，有自己鲜明的特点。其动作流畅，注重形、神、意、气、力的综合锻炼，具有闭气导引的调息方法；形体动作有极力相争、神与形结合、气寓其中等特点，适于锻炼整个身体的柔韧性、协调性和平衡性。

依据现代运动学和生理学的规律，本套传统八段锦对动作次序和运动强度都进行了科学、合理的调整，从而更加突出其强身健体的特点，使整套动作更加完善，便于习练。

实践表明，长期习练八段锦有助于改善呼吸系统、神经系统以及循环系统的机能，增强细胞的免疫功能和机体的抗衰老能力。

三、八段锦的健身机制和功法特点

八段锦流传至今，已有 800 多年的历史了。它是在传统吐纳、导引等功法的基础上，建立并完善起来的一套独立而完整的健身功法。

八段锦通过调身、调息、调心等方式，能够较好地调整人体脏腑的功能，疏通人体的经络，调节人们的心理状态，以保证人体的气血畅通，从而达到形神合一、强健机体的目的。

八段锦健身功法特别重视形、气、神的和谐、统一，认为人是由这相互关联、相互作用的三要素构成的一个整体。其中，形是生命活动的载体，气是生命活动的动力，神则是生命活动的主宰。

八段锦的健身机制，主要基于其独特的动作组合和呼吸调节，全面地调理形、气、神，并使其三位一体，从而达到生命的优化状态。

首先是对形的锻炼和调控。

八段锦的每个动作都强调身体的舒展和拉伸。在练习的过程中，我们通过活动肢体来舒展筋骨、疏通经络。这些伸展性的运动，有助于改善身体的柔韧性和平衡能力，增强肌肉的力量，最终使身体变得强壮，增强抗病的能力。

其次是对气的锻炼和调控。

气依附于形而存在，是我们生命的重要组成部分。

八段锦注重呼吸的调节和运用。其动作与呼吸紧密配合，通过深长、平缓的呼吸来锻炼肺活量，促进气血的流动，改善身体的气血循环。这种呼吸方式有助于调节呼吸系统，减轻精神的压力。同时，深呼吸还有利于调节神经系统的功能，让身体得以放松，提升睡眠质量。

最后是对神的锻炼和调控。

神是生命活动的主宰，即我们的精神状态、思想意识，这在人体生命中起着非常重要的作用。所以，对神的锻炼和调控，对于增强体质特别重要。

比如，当我们练习八段锦时，其柔和、舒展的动作如行云流水一般，可以使我们的身心愉悦，给我们的心灵带来片刻的安宁。这便有助于我们舒缓情绪，减轻抑郁症状。同时，由于在做这些动作时，我们往往需要集中精力，这便有助于提高我们的专注力和意志力，以增强身心的平衡性和稳定性。

八段锦的习练强调意识和能量的集中，是一种调动身体内外各部分的整体性运动，它强调意念和形体的协调一致，内外贯通，以及内劲的外放通达无碍。

在动作上，八段锦以腰为轴心，以轴带劲，通过肩、腰、髋和四肢来协调配合控制完成。上盘飘逸如风，中盘松柔灵活，下盘沉稳如石。这是传统八段锦动作流畅、稳健、 自然协调、完整合一的基础。

因此，在习练的过程中，要求习练者身心放松，从上至下，从外至内，做到笃实、松沉，要松而不懈、紧而不僵、松沉有度，要保持呼吸的自然流畅。否则，容易导致动作机械、僵硬。

八段锦共有八个完整的动作。其中，每个动作都有自己明确的侧重点。同时，动作与动作之间又非常注重功能效应的相互呼应与协调。因而在习练时，既可以将它们连贯起来进行练习，又可以把每个动作分开进行单独训练。

八段锦的动作张弛有度，舒展大方，长期习练能让生命机体得到充分的放松，从而更好地发挥人体自身的调节功能。

练习时，首先要让自己的内心沉静下来，肢体放松，全神贯注。每一个动作都要做到自然平稳、刚柔并济。这就既要配合相应的呼吸方式，又要配合相应部位动作的松弛度，保持心态的平和、力量的均匀，使身心和谐、统一。

八段锦的整套动作，注重以意识来调控身体，将意识贯注到每一个动作中。形体动作在意识的引导下变得灵动、自然，且每个动作都应对称而和谐，从而促使气在体内得以运行，达到神注于形、气随形动的境界。

整套动作静中有动，动中寓静，动静结合。在这一张一弛中，全身筋脉得以舒展、畅通，从而起到行气活血、疏经通络的作用。这也是形与神得以充分融合的体现。

第四部分

八段锦的练习基础

一、养气与练气

人的机体内有心、肝、脾、肺、肾、三焦等五脏六腑，外有鼻、眼、口（唇）、舌、耳五官和四肢。四肢以筋为脉络，筋自爪甲起始，而气走于经络筋脉中。

气即呼吸。养气，即调整和增强人体内气的运行和平衡，以促进身体的健康和提升免疫力。因此，学习养气是练习八段锦的关键。

学会了调整呼吸，也就懂得了如何运气和用气。

八段锦通过一系列的动作，并配以一定的呼吸方法，来调和气血、提升内力，以达到健身的目的。

练气，讲究半刚半柔，刚柔并济。

如何练气呢?

每日清晨，可面向太阳，两脚并步站立。两臂垂于体侧，目视前方，放松身体，用鼻吸气，意守丹田。

在练习八段锦时，每个动作都要与呼吸紧密配合。

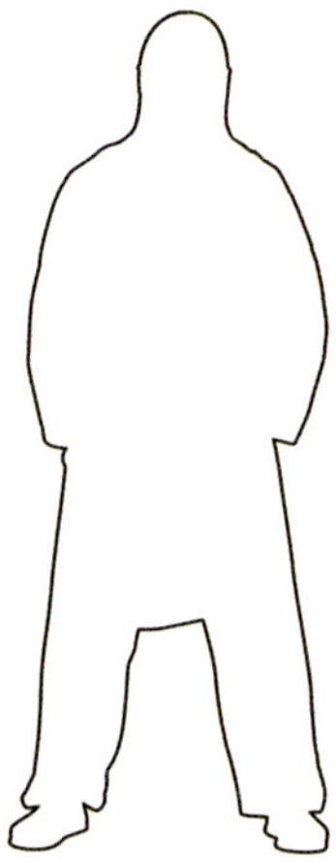

二、呼吸的方法

八段锦的呼吸方法有自然呼吸和闭气导引。

在练习过程中，可以根据个人的情况来选择适合自己的呼吸方法。

对于初学者，在练习的过程中保持自然呼吸，不要憋气即可。如果已经练习了一段时间，学会了调理呼吸，并且动作非常熟练了，则可以尝试将动作与呼吸配合起来。

三、身体各部分的练习方法

八段锦的整套动作涵盖了身体的各个部位，每个动作都有其独特的意义和功效。具体包括双手托天理三焦、左右开弓似射雕、调理脾胃需单举、五劳七伤向后瞧、摇头摆尾去心火、两手攀足固肾腰、攥拳怒目增气力、背后七颠百病消等。

1. 练心

心为一身之帅。八段锦以静为旨，以静为贵。

心静，则天机活泼；身静，则浩气流行。只有静，才能做到精神上和肢体及内脏的放松；才能宣通血脉，气不上浮，血不上涌，精神内守，神情内敛；才能气沉丹田，呼吸流畅，排除一切杂念，让心灵虚空，身心放松。

每日清晨，面向东方，舒展胸怀垂手站立，目视鼻端，凝神静听鼻息，坚持长久练习，即可有效。

2. 练头

头居一身之首，统领一身之气。

练习时，头要保持中正，不偏不倚，虚灵顶劲。

3. 练眼

眼睛是心灵之窗。每天，可面对一盆清水，直视水底。几分钟后，用手撩拨水面，而眼睛直视不动，久而久之，眼力慢慢便会增强。

4. 练肩

双肩要平，两肩骨节，似有一线；摇动肩膀，如风摆柳，自然无滞。

5. 练腰

松腰敛臀，收腹提肛，气贯腰间。

6. 练腿

开胯拉筋，增强腿部柔韧性；马步、弓步、桩功，增强肌肉筋骨力量。

7. 练足

足趾尖要灵活，以足领膝，以膝领股。

通过全身的练习，不仅可以让身心得到全面调理，还可以加强对五脏六腑的功能性锻炼，促进身体的新陈代谢，改善消化和排泄功能。这对于维护身体内部的平衡和健康至关重要。

例如，第一式、第四式、第八式主要调节全身和五脏六腑，平衡阴阳；第二式以调和肺脏为主，辅以下盘练习，平衡气机之升降；第三式以调理脾胃脏器为主，侧重于调治，平衡脾胃动力；而第五式以调理心脏为主；第六式以调摄肾脏为主；第七式以调理肝脏为主。总的来说，八段锦的练习方式多样，每一种练习方式都体现了其独特的特点和价值。

需要注意的是，练习八段锦需要长期坚持，才能取得显著的效果。在练习过程中，要注意动作的准确性和规范性，避免出现动作错误或用力过度的情况。同时，要根据自己的身体状况来选择合适的练习强度和练习时长。

第五部分

八段锦的基本动作和练习方法

扫码观看完整视频

一、第一式 双手托天理三焦

1. 预备式：站立，双脚分开，距离略宽于肩，

脚尖向正前方，

两臂放松，自然下垂，

身体保持中正。

调息，用鼻子吸气。

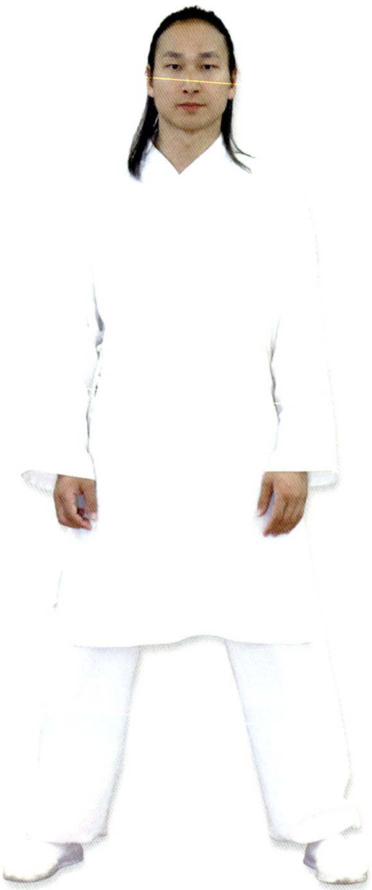

2. 闭气，

双手从下往上，向内抱起，指尖相对。

3. 双手向上，拖走至膻中穴后，向外翻掌。

（注：膻中穴是人体的一个穴位，位于前胸部正中，两乳头之间居中的位置。双手经过膻中穴，可以调理胸部疼痛、哮喘短气等病症。）

4. 翻掌后，两手掌心向上，落于两肩处，如托重物。
同时下蹲，重心下移呈蓄力之势，
两肩放松，肘关节下坠。

5. 蹬腿发力站起，重心从下缓缓向上移。
双手极力向上推起，肘部微屈，
指尖相对，
眼看两手指尖，如托天之势。

6. 全身放松，双手向两侧自然下落。
同时用口徐徐呼气，
呼气要做到细、微、长。

7. 恢复预备式，
重复上述动作，
练习三次即可。

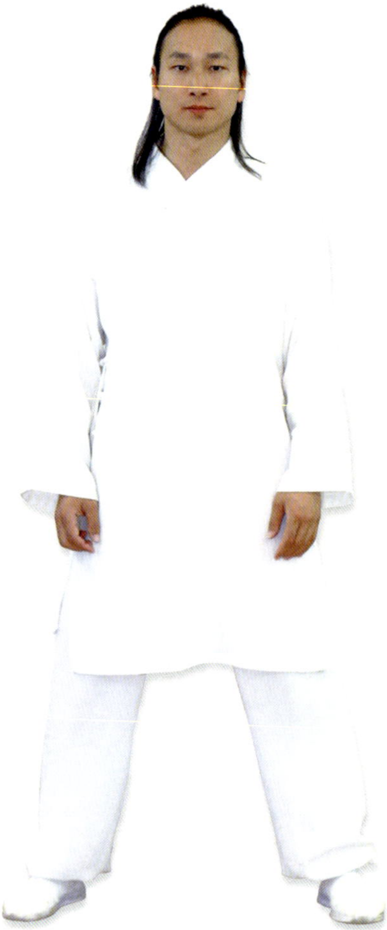

·什么是三焦?

三焦，是中医学中的一个概念，是上焦、中焦、下焦的合称。它代表人体躯干的三个不同部位。

其中，上焦指横膈以上的部位，包括心、肺等；中焦指横膈以下至脐的部位，包括脾、胃、肝、胆等；下焦指脐以下，包括肾、膀胱、大肠、小肠等。

人体中的元气被认为是生命活动的原动力。三焦则是这些元气升降、出入的通道。人体元气正是通过三焦到达全身各处的。

·这节动作的要点是什么?

调吸是这节动作的要点，在这节动作中，调吸要做到鼻吸、口呼，吸气之后意守丹田。呼吸之间要做到细、微、长。

细，是要做到呼和吸的气细密；微，就是呼吸声音仅自己能够听到，不要猛呼猛吸，否则会伤及肺脏；长，就是呼和吸都要细微绵长，吸深，呼净。

吸气之后，闭气在丹田，然后才开始做动作。做完一个动作，收势的时候，再呼气。

双脚分开，距离比肩膀稍宽，这样才能保证用力平稳。安定心神，形正体舒，排除干扰，意守丹田。手掌向上，意念中如托一重物，用极力相托，眼睛看十指。双手托到极致，但肘部微屈，双手下落时要放松，用口徐徐呼气。

正常情况下，一个动作练三遍即可。

如果有针对性地锻炼肩膀、颈椎等身体部位，可适当增加次数，练到舒适即可，不可过劳。

每一个完整的动作，动作的开始与结束，都要做到意守丹田，调息入静。（注：意守丹田是指练习者将意念集中，并保持在丹田部位的练功方法。）

·这节动作的功效是什么？

这节动作是全身的伸展运动，又伴随着呼吸闭气导引，可以调理内脏各部，缓解疲劳，减轻焦虑和压力。同时，练习本动作对腰背的肌肉、骨骼也有良好的锻炼作用，有助于矫正肩内收和驼背等不良身形；对颈椎疼痛、肩周炎、筋脉拘挛等有一定的改善效果。

通过两手上托，缓慢用力上推，保持抻拉，可使三焦通畅、气血调和。通过拉长躯干与上肢各关节周围的肌肉、韧带，及关节软组织，对调理肩部疾患、预防颈椎病等都具有良好的作用。

二、第二式 左右开弓似射雕

1. 预备式：站立，双脚分开，距离略宽于肩，
脚尖向正前方，
两臂放松，自然下垂，
身体保持中正。
调息，用鼻子吸气。

2. 左式：闭气，
重心移至左腿，
右脚跟抬起，
身体向左侧微转，
同时两手剑指相交如搭弓之势，
高度与额头保持齐平。

3. 右脚向右平行撤步，
上身保持不动。

4. 重心后移至右腿，
同时左手剑指前推，
右手剑指后拉，
两手极力相争如拉弓之势，
右手平于肩向后拉，
左手斜向上 45 度角推。

5. 重心移至左腿收右脚，
全身放松，两手打开，自然下落。
同时用口徐徐呼气，
呼气要做到细、微、长。

6. 右脚收回，
恢复预备式。
调息，用鼻子吸气。

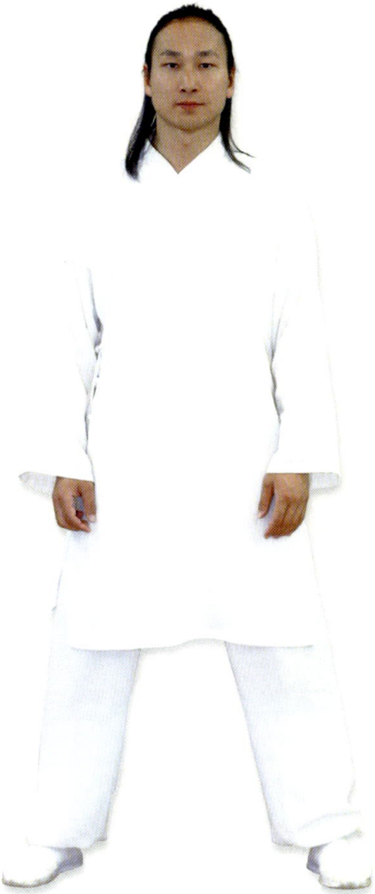

7. 右式：闭气，
重心移至右腿，
左脚跟抬起，
身体向右侧微转，
同时两手剑指相交如搭弓之势，
高度与额头保持齐平。

8. 左脚向左平行撤步，
上身保持不动。

9. 重心后坐移至左腿，
同时右手剑指前推，
左手剑指后拉，
两手极力相争如拉弓之势，
左手平于肩向后拉，
右手斜向上 45 度角推。

10. 重心移至右腿收左脚，
全身放松，两手打开，自然下落。
同时，用口徐徐呼气，
呼气要做到细、微、长。

11. 恢复预备式，
重复上述动作，
左、右式各练习三次。

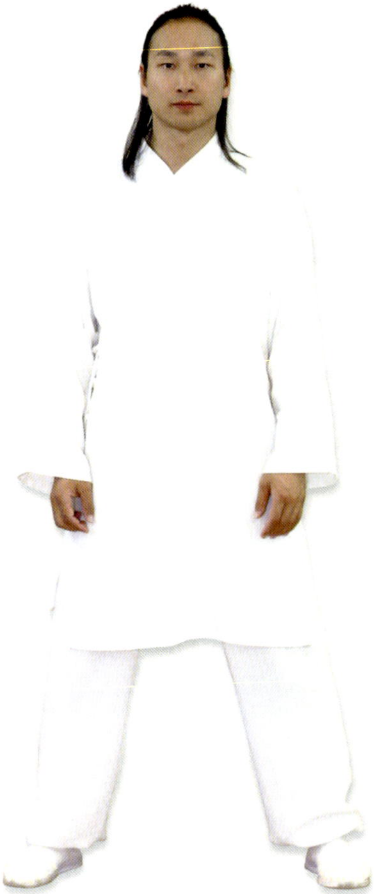

·这节动作的要点是什么?

在拉弓过程中，要做到闭气。左、右手剑指搭住后，如拉硬弓。剑指弯曲，前手前推，后手后拉，形成前后手极力相争之势。同时，双腿形成侧弓步，身体一定要保持中正。

·这节动作的功效是什么?

这节动作的重点集中在胸部、上焦。除了头部，上焦可以说是全身最重要的部位。这节动作影响到的部位包括双手、双臂和胸腔内的心、肺。

通过扩胸、伸臂的动作，可以强健胸肋部和肩臂部的肌肉，促进血液循环，还可调节手太阴肺经等经脉之气，发展下肢肌肉力量，提高协调能力，同时有助于矫正驼背、含胸等不良身形。

此动作开始练习时，会感到胳膊、肩膀、腿部酸痛不适，尤其是腿部。这是正常现象，练习几天后，自然会恢复。

三、第三式 调理脾胃需单举

1. 预备式：站立，双脚分开，距离略宽于肩，

脚尖向正前方，

两臂放松，自然下垂，

身体保持中正。

调息，用鼻子吸气。

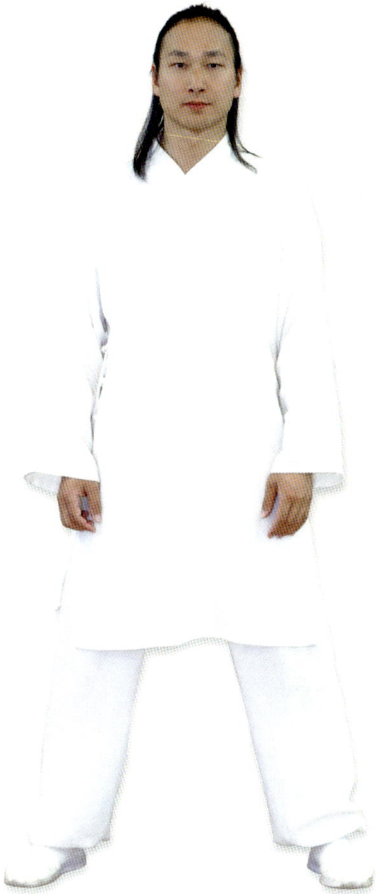

2. 右式：闭气，
右手向右斜前方托起。

3. 右手翻掌下按于胸前，
左手自下向上托起。

4. 左手向外旋转，掌心朝上、
虎口朝内位于肩上方，
同时，重心下沉，松腰坐胯。

5. 左手向上托起，指尖向右，
右手向下按，指尖向左，
两手极力上下相争，
眼看左手指尖。

6. 全身放松，左手自然下落，
同时用口徐徐呼气，
呼气要做到细、微、长。

7. 恢复预备式，
调息，用鼻子吸气。

8. 左式：闭气，

左手向左斜前方托起。

9. 左手翻掌按于胸前，
右手自下向上托起。

10. 右手向外旋转，掌心朝上、
虎口朝内位于肩上方，
同时，重心下沉，松腰坐胯。

11. 右手向上托起，指尖向左，
左手向下按，指尖向右，
两手极力上下相争，
眼看右手指尖。

12. 全身放松，右手自然下落，
同时，用口徐徐呼气，
呼气要做到细、微、长。

13. 恢复预备式，
重复上述动作，
左、右式各练习三次。

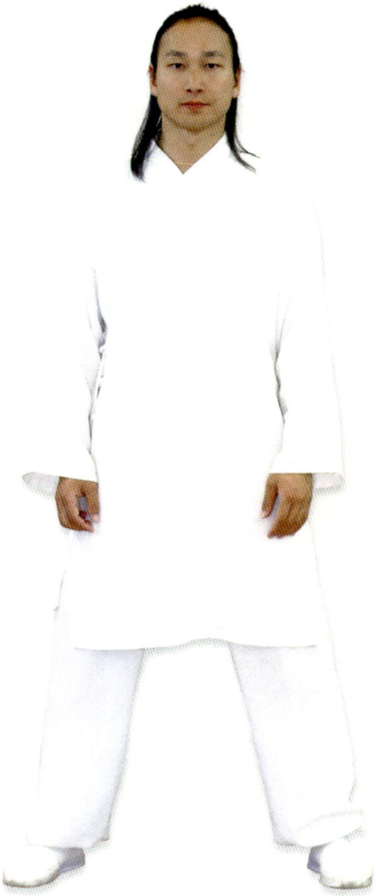

·这节动作的要点是什么？

做这个动作，一定要做到欲左先右。这是顺势而为、欲上先下的道理。左、右手协调配合，既有上、下极力相争之力，又含上托下按之力。通过调吸、闭气，让真气挤压脾胃，促进阳气生发，排出寒湿之气。

·这节动作的功效是什么？

这节动作是一手上举、一手下按，上下用力相争。通过左、右上肢上下对撑拉伸，可以牵拉腹腔，对中焦的脾、胃、肝、胆起到按摩作用；同时，还可以刺激位于腹、胸、肋部的相关经络以及背部的穴位，达到调理脾胃和疏通脏腑经络的作用，增强消化功能。全程练习此式也可增强脊柱的灵活性与稳定性，有利于预防和调理肩、颈疾病。

四、第四式 五劳七伤向后瞧

1. 预备式：站立，双脚分开，距离略宽于肩，
脚尖向正前方，
两臂放松，自然下垂，
身体保持中正。
调息，用鼻子吸气。

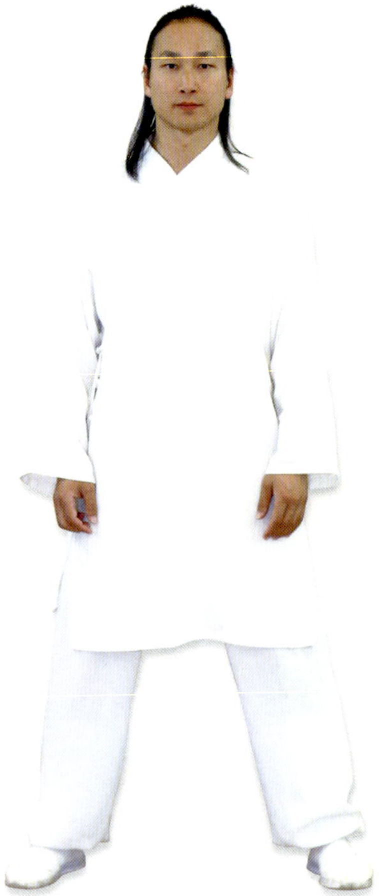

2. 左式：闭气，
重心移至右腿。

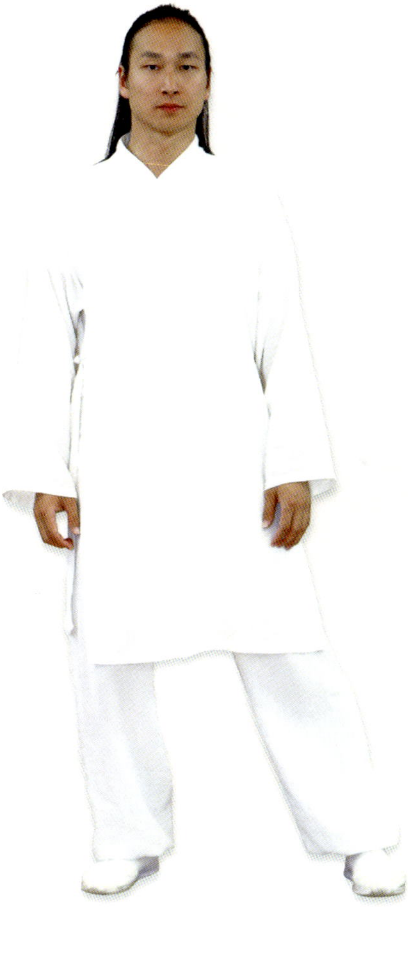

3. 以腰为轴，
身体由左向后自然旋转。

4. 目光平视向后看，
腰、肩、颈、眼睛转到最大幅度。

5. 全身放松，
身体自然转回，
同时用口徐徐呼气，
呼气要做到细、微、长。

6. 恢复预备式，
调息，用鼻子吸气。

7. 右式：闭气，
重心移至左腿。

8. 以腰为轴，
身体自右向后自然旋转。

9. 目光平视向后看，

腰、肩、颈、眼睛转到最大幅度。

10. 全身放松，自然转回，
同时徐徐呼气，
呼气要做到细、微、长。
恢复至预备式。
重复上述动作，左、右式各练习三次。

·这节动作的要点是什么？

在转身时，眼睛也同时向后看，身体要尽量转到极限。在转动身体时，要做到柔缓，切忌动作过猛而导致岔气的现象。

·这节动作的功效是什么？

五劳，指久视伤血，久坐伤肉，久立伤骨，久行伤筋，久卧伤气。这些都是由劳逸不当、活动失调而引起的损伤。

七伤，是养生不当对健康所致的七种损害。

这节动作通过头部及躯干反复向左、向右地转动，促进头部的血液循环，增强颈部肌肉力量。通过练习这节动作可对脏腑、气血和身体各部分起到调节作用，从而达到消除疲劳、缓解伤损的目的。

同时，正确练习这节动作还能对消除大脑、中枢神经系统的疲劳，以及改善一些生理功能障碍等起到促进作用，并有助于增强消化功能。

五、第五式 摇头摆尾去心火

1. 预备式：站立，双脚分开，呈马步的间距，

脚尖向正前方，

两臂放松，自然下垂，

身体保持中正，重心下沉。

调息，用鼻子吸气。

2. 左式：两脚扎稳，
以腰为轴，向前俯身。

3. 身体从前、左、后、右到前，
旋转三圈。

4. 旋转过程中，眼睛睁开。

5. 旋转过程中身体应舒展。

6. 收势时，双腿屈膝半蹲，
全身放松，两手撑于膝盖，
闭目用口缓缓呼气，
呼气要做到细、微、长。

7. 身体回正，
调息，用鼻子吸气。

8. 右式：两脚扎稳，
以腰为轴，向前俯身。

9. 身体从前、右、后、左到前，
旋转三圈。

10. 旋转过程中，眼睛睁开。

11. 旋转过程中身体应舒展。

12. 收势时，双腿屈膝半蹲，
全身放松，两手撑于膝盖，
闭目用口缓缓呼气，
呼气要做到细、微、长。

13. 身体回正，恢复预备式。

本动作左、右式分别只做一次，

即一个完整动作。

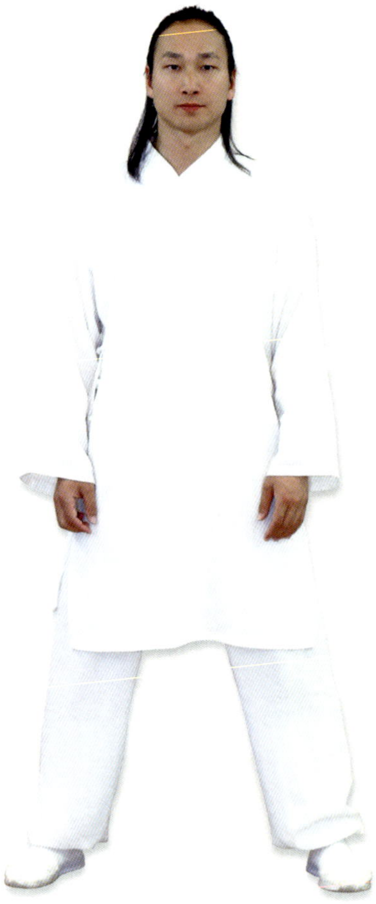

·这节动作的要点是什么?

旋转时，要以腰为轴。

在闭气的过程中，连转三圈，动作要柔而慢。

转完后，手扶膝盖，缓缓呼气。

因闭气转动容易引起眩晕，所以在转动时，一定要睁开眼睛。等到调整呼气时，可以缓缓闭上眼睛。

因为本动作幅度比较大，高血压、心脏病患者可以不用调息闭气，也可根据自身情况每式只旋转一圈。

·这节动作的功效是什么?

这节动作是全身性的动作，对整个身体都有良好的锻炼作用。

所谓“去心火”，即去掉心里的阴火、虚火，使阴阳达到平衡。

通过练习此式，可以刺激脊柱、督脉、带脉等，灵活腰身、调节身体的平衡性，达到疏经泄热的目的。

六、第六式 两手攀足固肾腰

1. 预备式：站立，双脚分开，距离略宽于肩，

脚尖向正前方，

两臂放松，自然下垂，

身体保持中正，重心下沉。

调息，用鼻子吸气。

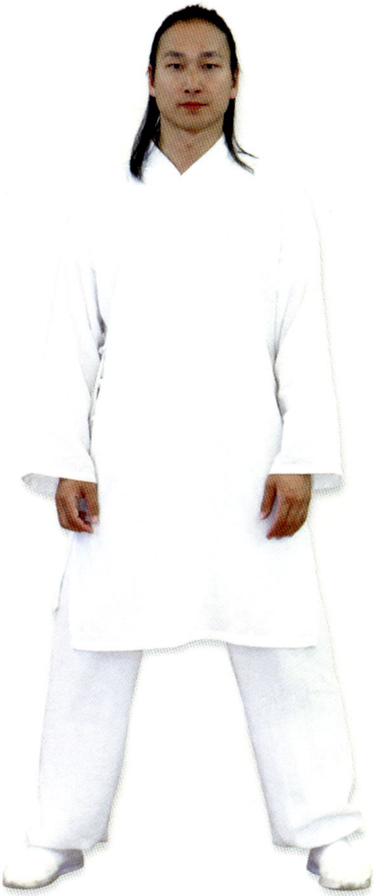

2. 闭气，

身体前俯，腿伸直。

头、腰、背放松。

3. 两手抓住两脚前脚掌，
意念集中于腰部，
两手极力向上提，
脚尖用力下踩。

4. 身体放松慢慢起身，
同时，用口徐徐呼气，
呼气要做到细、微、长。

5. 恢复预备式，
重复上述动作，
左、右式各练习三次。

·这节动作的要点是什么？

如果两手抓不到脚尖，可抓住脚踝。脚尖用力下踩，两手用力上提，才能将力量作用于腰肾上。

·这节动作的功效是什么？

我们的腰部是由腰肌、腰椎骨骼以及腰神经等组成的，其对内脏等重要器官能起到很好的保护作用，不仅是人体的重要组成部分，也是全身运动的关键部位。

腰部运动，其实也包括腹部运动，以及腹部周边各器官的运动。

坚持练习两手攀足的动作，既可以锻炼腰肌，也可以使腰部的各器官、组织，特别是肾脏、肾上腺的功能得到增强，有助于防治腰肌劳损常见病症，增强全身机能。

通过前屈后伸，可以刺激脊柱、督脉以及命门、阳关、委中等穴，达到固肾壮腰的目的；还可以对腰部的肾脏、肾上腺、输尿管等器官起到良好的牵拉、按摩作用，可以改善其功能，刺激其活动。

七、第七式 攥拳怒目增气力

1. 预备式：站立，双脚分开，距离略宽于肩，

脚尖向正前方，

两臂放松，自然下垂，

身体保持中正，重心下沉。

调息，用鼻子吸气。

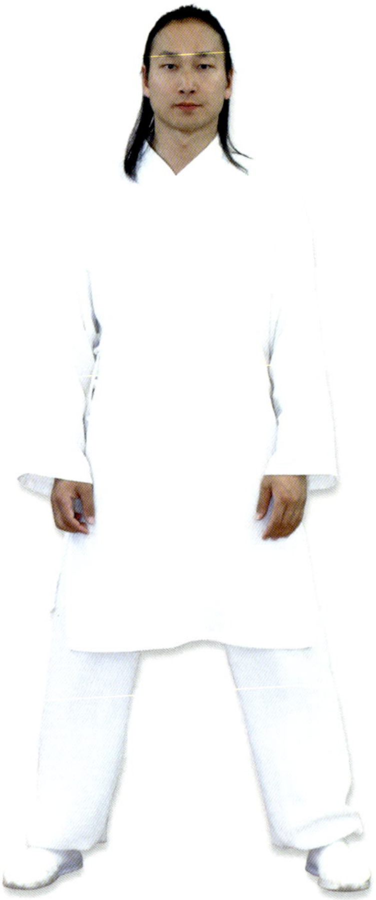

2. 左式：闭气，
重心移至右腿，左手攥拳在腰间，
眼睛看左拳。

3. 蹬右腿，转左腰，送左肩，
同时，左拳用力缓慢向左斜前方冲出，
怒目瞪眼看向左拳，重心移至左腿。

4. 左拳放松自然收回，
同时，用口缓缓呼气，
呼气要做到细、微、长。

5. 恢复预备式，
调息，用鼻子吸气。

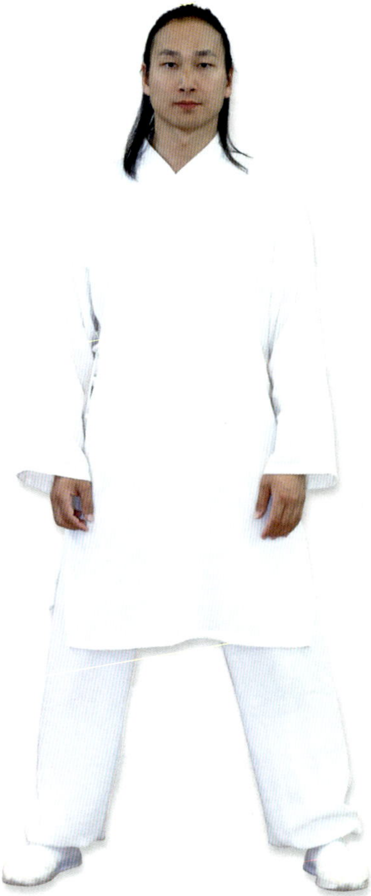

6. 右式：闭气，
重心移至左腿，
右手攥拳在腰间，
眼睛看右拳。

7. 蹬左腿，转右腰，送右肩，
同时，右拳用力缓慢向右斜前方冲出，
怒目瞪眼看向右拳，重心移至右腿。

8. 右拳放松自然收回，
同时，用口缓缓呼气，
呼气要做到细、微、长。

9. 恢复预备式，
重复上述动作，
左、右式各练习三次。

·这节动作的要点是什么?

这节动作要求拳头紧攥,脚趾用力抓地,全身用力,聚精会神,怒目瞪眼。怒目有助于增强攥拳的气力，也可以促进气血的循环。

·这节动作的功效是什么?

此式中的怒目瞪眼可刺激肝经，使肝血充盈、肝气疏通，有强健筋骨的作用。重心下移、十趾抓地，蹬腿发力、节节贯串，双手攥拳、手指逐节强力抓握等动作，可刺激手、足三阴和手、足三阳十二经脉的俞穴和督脉等。

通过练习攥拳怒目这节动作，可以促使大脑皮层和自主神经变得兴奋，从而加强气血的运行。如果长期坚持这样的锻炼，可以强健肌肉，使体力和耐力逐渐地增强；也可激发经气，增强肌力，调理心肺等脏腑的功能。

八、第八式 背后七颠百病消

1. 预备式：站立，双脚分开，距离略宽于肩，
脚尖向正前方，
两臂放松，自然下垂，
身体保持中正，重心下沉。
调息，用鼻子吸气。

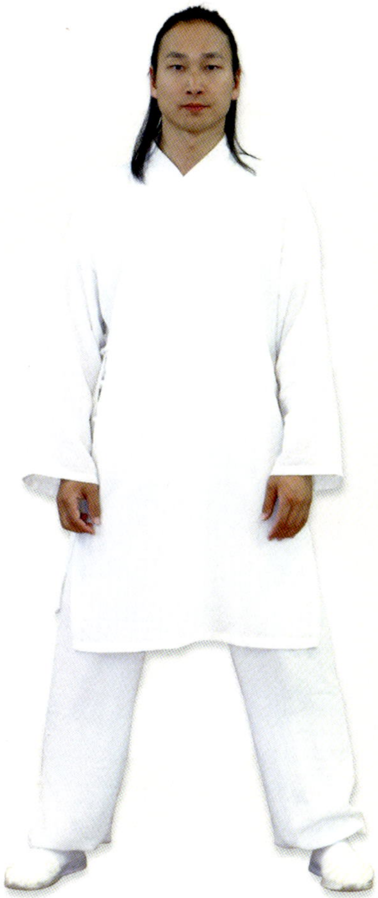

2. 收左脚，双腿合拢。

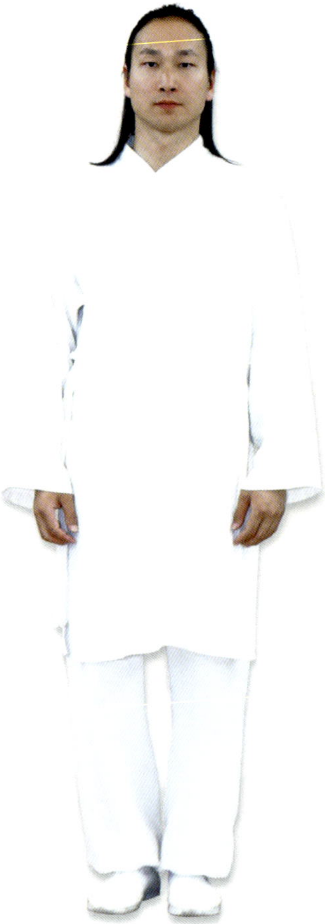

3. 闭气，脚跟抬起，
踮起脚尖，保持身体重心垂直。

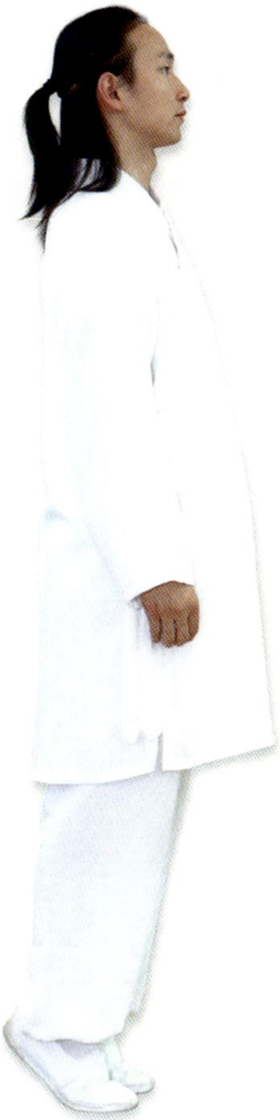

4. 头微微上扬，
身体放松，脚跟落地，
重心自然下顿，双腿垂直，
同时将丹田之气用力呼出，
并发出“呼”声。

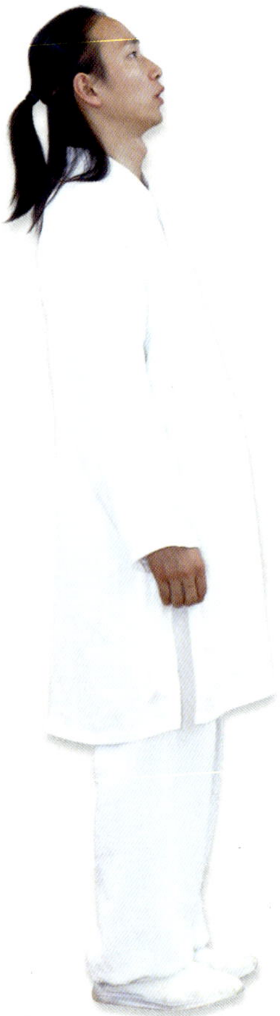

5. 恢复预备式。
重复上述动作七次，
为一个完整的动作。

·这节动作的要点是什么？

在练习这节动作中的吸气、闭气时，可微闭双眼，等下落时，再睁开眼睛。

双脚下落时，要保持身体放松，使全身得到震颤。

·这节动作的功效是什么？

脚趾为足三阴、足三阳经交汇之处。脚十趾抓地，可刺激足部有关经脉，调节相应脏腑的功能。同时，颠足可刺激脊柱与督脉，使全身脏腑经络气血通畅，阴阳平衡。颠足而立可发展小腿后部的肌群力量，提高人体的平衡能力。落地震颤，可轻度刺激下肢及脊柱各关节内外的结构，并使全身肌肉得到放松复位，有助于解除肌肉紧张。

练习这节动作，可以使全身的各器官、各系统在受到轻微震动的作用后而复位。这也是为练习整套八段锦动作而做的最后调理。

通过反复地练习这节动作，既可以疏通背部的脊椎经脉，又可以增强脊髓神经的功能。

第六部分

八段锦走进现代生活

一、做好自我评估

若要实现强身健体的目标，在日常生活中，我们需要给自己建立一套“自我保养体系”。这是通过自我的管理、调节，使自己身心健康的一种方法。

要做到这一点，既需要我们学习和采用恰当的健身方法，还需要我们持之以恒地把这些方法贯彻到自己的日常行为活动中，以督促自己不断完善“自我保养体系”。这对于我们每个人来说都至关重要。

第一步即需要做好自我评估。

建立“自我保养体系”的自我评估，是建立“自我保养体系”过程中的一个重要环节。即在日常生活中，依据我们自己的感受，对自身的健康状况和需求做出判断，从而为自我保健提供参考的依据。

通过自我评估，我们能够更好地了解自己的身体状况、生活习惯、心理状态等。因为，一旦我们的身体健康状况发生变化，最先感受到这种变化的是我们自己。同时，我们自己的感受更直观，反应速度也最快，从而能够制订出更适合自己的健身计划。

那么，如何进行自我评估呢?

自我评估主要包括对自己的形体健康、精神健康状况以及对自己的生活方式的评估等内容。

比如，我们可以通过观察自己的脸色来判断身体的健康情况。健康人的脸色应该是红润、有光泽的，这通常表示身体的气血充足，健康状态良好。如果脸色变得苍白或者暗淡、发黄，则可能是身体出现了贫血、营养不良等亚健康状况。

再比如，眼睛是心灵的窗户。我们可以通过观察自己的眼睛来了解身体

的健康状况。健康之人的眼睛应该是清澈明亮的，没有血丝或者黄斑。如果你发现自己有黑眼圈，或者眼睛经常出现充血、流泪等现象，那么，你就要注意自己的睡眠质量，抑或是健康状况了。

在精神健康状况的自我评估方面，则可以检查自己的情绪、心理是否处于稳定而愉悦的状态；看看自己面对外界的刺激时，反应是否灵敏、恰当；检查自己是否能够积极地应对生活中的压力、挑战，精力是否充沛；等等。

对生活方式的自我评估，则主要从饮食、作息习惯、运动、嗜好等方面进行。观察自己的饮食习惯、用餐量、运动量是否正常，比如，有没有出现偏食、过饱、饮食不规律或不喜欢饮水等情况，饮食的营养搭配方面是否合理，有没有不吃早饭的习惯或睡前进食的习惯等。

另外，评估自己的日常作息是否规律，是否能保证充足的睡眠，是否经常久坐等。在运动能力方面，看看自己能不能轻松地完成日常的活动，每一周能保证的运动量是多少。可以经常地关注一下自己的运动数据，对比着看看在运动前后，自己的身体会出现什么感觉或变化等。

在进行了全面的自我评估后，我们就可以根据评估结果来制订适合自己的健身计划了。

这时需要我们储备一些基本的养生知识，掌握一定的健身技能和运动技巧，学会一些心理调适的方法等。这些知识和技能，既可以通过阅读相关书籍来获取，也可以通过参加一些养生课程等方式来实现。

二、为什么练习八段锦

在现代快节奏的生活中，我们常常会面对来自四面八方的压力，遇到各种问题和烦恼，因而容易感到疲惫、紧张、焦虑。这不仅会影响我们的心理健康，也会使我们的身体处于亚健康的状态。

由于每个人的体质、心理、生活环境等存在差异，在选择健身方法时往往会有所区别。但是，八段锦的动作柔和、缓慢、循序渐进，适合各类人练习。

比如，青少年往往处于生长发育的高峰期，身体越来越强壮，脏腑功能也越来越成熟，那么，适当地运动显然可以促进他们的骨骼和肌肉的健康发育。练习八段锦便是一种很好的选择。

老年人由于各器官的功能逐渐退化，通常会面临肌肉和关节僵硬的问题。这时，如果经常练习八段锦，则可以通过伸展和扭转等动作，来保持身体的灵活性和关节的活动度，从而降低摔倒的风险。

体质弱的人同样可以练习八段锦。这是因为八段锦的动作包括了拉伸、扭转、呼吸等方面的练习，长期练习八段锦可以达到增强身体的柔韧度，使肌肉变得强壮有力，以及调节身体的平衡性和协调性等效果。

八段锦注重身心的调和，通过缓慢的动作和呼吸的控制，来帮助人们放松身体、舒缓情绪，从而减轻心理压力，有效地改善紧张的心理状态。

不仅如此，八段锦的每个动作都是针对身体的某个特定部位而进行的锻炼。有的是针对头颈部的锻炼，有的是针对腰腹部或四肢的锻炼。比如，练习“双手托天理三焦”和“左右开弓似射雕”的动作，就有助于矫正肩内收和圆背等不良身形。这对于长时间伏案工作或学习的人来说尤为重要。而练习“五劳七伤向后瞧”“两手攀足固肾腰”等动作，则可以有针对性地帮助我们拉伸和放松肌肉，以缓解因久坐或姿势不当而造成的肌肉疲劳。

练习八段锦，不仅可以帮助我们增强肌肉和骨骼的力量，以及身体的柔韧性，还有利于改善心肺的功能，减轻一些疾病如高血压、糖尿病、颈椎病等带来的痛苦。长期练习八段锦可通过改善患者的血液循环，增强患者的身体免疫力，起到缓解病痛的作用，从而提高患者的生活质量。

近年来，随着人们追求健康的意识日益增强，越来越多的人加入练习八段锦的队伍中，通过练习八段锦实现强身健体的目的。

三、练习八段锦有哪些注意事项

练习八段锦，首先要选择合适的时间和场地。

最好是在早晨或傍晚进行锻炼。因为此时的空气相对清新，阳光比较柔和，这有利于身心的放松。

同时，要选择平坦、宽敞、通风良好的场地进行锻炼。

衣着方面，建议穿着宽松、透气、舒适的衣裤，鞋子也应方便活动身体。

吃饭前后半小时，避免练习；有失眠现象的，避免在睡前练习；心血管疾病患者，避免在上午练习；身体极度疲惫或烦躁时，暂停练习。

练习八段锦，强调呼吸与动作的协调，所以在锻炼的过程中，要注意调整呼吸，保持深长、自然的呼吸方式。

另外，要掌握正确的动作要领。因为每个动作都有其特定的操作方法，只有正确地掌握了这些要领，才能更好地发挥其健身效果。

八段锦作为一种温和的运动方式，一般建议每天练习一次，每次约 30 分钟。如果身体状况良好，也可以适当延长锻炼时间。

同时，在习练时还要注意自身的安全，注意动作的规范，循序渐进、坚持练习，这样才能充分发挥八段锦的健身效果。

八段锦健身功法是讲究循序渐进的。

初学八段锦，以“调形”为主。练习时，要求动作柔顺、准确。等慢慢达到了一定的熟练度，就可以往前进一步了。这时，则要求呼吸和动作的协调、一致。

当我们坚持练习八段锦一段时间后，会感觉到胃口变得好起来，睡眠质量也提高了，精神状态也越来越好，更有精气神儿了。这时，即使再增大一点儿运动量，也不会感到疲劳，这就是人们所讲究的“运动适度”。

八段锦的动作看似轻柔而缓慢，但因为整个过程持续的时间比较长，针对每个动作、每个姿势又都有严格的要求，所以最终消耗的能量并不少。习练者只有循序渐进、持之以恒，才会收到良好的健身效果。

正是因为八段锦能够恰到好处地掌握运动量，并注重和强调机体内外的协调统一、和谐适度。因而，坚持长期练习对身体是十分有益的。

八段锦是我们中华传统文化的瑰宝。学习八段锦，不仅有助于身心健康，也有助于传承和弘扬中华传统文化，增强文化自信。希望更多的人了解并参与这项运动，促进全民健身。

后记

《八段锦》一书终于和广大健身爱好者见面了。回首数十年习武修身的历程，感慨万千。

八段锦作为传统健身功法，其发展历史源远流长。它不仅仅是一套简单的健身体操，更是中华民族千年文化的传承与积淀中的一部分。在当今这个快节奏的社会生活中，练习八段锦既能够帮助我们增强体质，也能够帮助我们调节身心，使我们在忙碌的生活中找到一片宁静的天地。

本书系统地介绍了八段锦的起源和发展历史，并详细地解读了八段锦的健身机制、功法特点以及基本动作和练习方法，阐述了八段锦这套传统功法与人们生活之间的关系，特别是对提升人们的健康生活水平所起的积极作用。希望通过倡导健康的生活方式，让更多的人了解功夫健身，增强健康意识。

值此书付梓之际，作为本书作者，我衷心地感谢我的师父——北京白云观监院的李信军道长，感谢北京出版集团北京工艺美术出版社给予的大力支持。

在编写本书时，我们参考了中华优秀传统文化丛书《中华养生》，也结合了我多年的教学经验和心得体会，因水平有限，书中难免有不妥之处，欢迎读者批评指正，我将不断完善。

我和本书的策划与编校团队，谨向所有支持和参与本书工作的各位老师、朋友表示真挚的感谢！

希望在未来，八段锦能够得到更多人的关注和喜爱。不仅在中国，更希望它在世界其他各国传播开来，让更多的人通过练习八段锦体验到中华文化的博大精深。同时，我也希望更多的人能够加入传承和发扬传统文化的行列，共同为中华优秀传统文化的传承和发扬贡献力量。

再次感谢！

蒋师莫

2024 年 6 月 23 日

于师莫武道院